세계사와 함께 보는
어린이 한국사

글 송언

서울에서 태어나 성균관대학교 교육대학원 국어교육과를 졸업했습니다. 1982년 중앙일보 신춘문예에 소설이 당선되면서 글을 쓰기 시작했습니다. 초등학교에서 아이들을 가르치셨으며, 지금은 동화 쓰기에 몰두하고 있습니다. 지은 책으로 《멋지다 썩은 떡》《김 구천구백이》《바리 왕자》《사라진 세 악동》《슬픈 종소리》《돈 잔치 소동》 등의 동화와 《다자구야 들자구야 할머니》《꽃들이 들려주는 옛이야기》 등의 옛이야기와 《고구려》《아, 발해》 등이 있습니다.

그림 서선미

세종대학교 영어영문학과를 졸업하고, 한국일러스트레이션학교(Hills)에서 그림책 공부를 했습니다. 그린 책으로 《한국사를 뒤흔든 열 명의 상인》《범아이》《아기장수 우투리》《텃밭에서 자라요》《깔깔 옛이야기》《북두칠성이 된 일곱 쌍둥이》《세계사 속 날씨 이야기》 등이 있습니다.

감수 최광식

서울에서 태어나 고려대 사학과와 동 대학원을 졸업했고(문학박사), 현재 고려대학교 한국사학과 교수입니다. 고구려연구재단 상임이사, 국립중앙박물관장, 문화재청장, 문화체육관광부장관 등을 역임했고, 한국역사민속학회장, 한국고대사학회장, 한국고대학회장, 한국사연구회장 등을 지냈습니다. 주요 저서로 《고대 한국의 국가와 제사》《중국의 고구려사 왜곡》《단재 신채호의 '천고'》《우리 고대사의 성문을 열다》《백제의 신화와 제의》《한국 고대의 토착신앙과 불교》《점교 삼국유사(공저)》《한류로드》《실크로드와 한국문화》 등이 있습니다.

세계사와 함께 보는
어린이 한국사
❶ 석기 시대에서 고조선 건국까지

송언 글 | 서선미 그림 | 최광식 감수
초판 인쇄일 2016년 1월 10일 | 초판 발행일 2016년 1월 20일
펴낸이 조기룡 | 펴낸곳 내인생의책 | 등록번호 제10호-2315호
주소 서울시 영등포구 당산로 41길 11 SK V1 Center W1801호
전화 (02)335-0449, 335-0445(편집) | 팩스 (02)6499-1165
전자우편 bookinmylife@naver.com | 홈카페 http://cafe.naver.com/thebookinmylife
기획 편집 창작기획연구소 봄눈 | 디자인 아이엠웰 안나영 김지혜 | 마케팅 강보람 | 경영지원 조하늘

ISBN 979-11-5723-241-3 74900
ISBN 979-11-5723-240-6 74900 (세트)

text ⓒ 송언, 2016

책값은 뒤표지에 있습니다.
잘못된 책은 구입처에서 바꾸어 드립니다.

이 도서의 국립중앙도서관 출판시도서목록(CIP)은 e-CIP홈페이지(http://www.nl.go.kr/ecip)와 국가자료공동목록시스템(http://www.nl.go.kr/kolisnet)에서 이용하실 수 있습니다. (CIP제어번호: CIP2015035542)

세계사와 함께 보는
어린이 한국사

① 석기 시대에서 고조선 건국까지

송언 글 | 서선미 그림 | 최광식 감수

추천의 글

우리 역사를 제대로 아는 것,
21세기 글로벌 시대를 열어 가는 첫걸음입니다

21세기 글로벌 시대에 들어와 세계는 하나의 공동체로 나아가고 있습니다. 그러나 동아시아에서 중국은 동북 공정을 통해 고구려의 역사를 소수 민족의 지방 정권이라고 한국사를 왜곡하고 있으며, 일본은 역사 교과서를 통해 자국의 청소년들에게 소위 '임나일본부설'을 비롯한 역사 왜곡을 자행하고 있습니다.

유럽의 나라들이 한데 모여 유럽경제공동체를 이룩할 수 있었던 것은 주변 나라들의 역사를 서로 존중하고 인정하는 데서 출발하였기 때문입니다. 이와 마찬가지로 동아시아의 경제공동체도 동아시아 여러 나라의 역사를 서로 존중하고 인정할 때 가능합니다.

다른 나라의 역사와 문화를 이해하기 위해서는 먼저 각국의 국민들이 자기 나라의 역사와 문화를 제대로 알아야 합니다. 그래야 각국의 공통점과 차이점을 바탕으로 서로를 올바로 이해할 수 있습니다.

그래서 어려서부터 자기 나라의 역사와 문화를 이해하는 습관을 들이는 일은 매우 중요합니다. 하지만 아쉽게도 그동안의 한국사 책들은 딱딱하고 재미가 없었습니다. 그렇다 보니 시험용으로 역사를 공부하는 경우가 태반이었습니다. 그런데 동화 작가들이 재미난 하나의 이야기로 역사를 풀어냈습니다. 분명 어린이들에게 역사에 대한 흥미와 관심을 증폭

시켜 주리라 믿어 의심치 않습니다.

  특히 매 권마다 당시 세계사의 흐름을 첨부하여 한국사의 특수성과 세계사의 보편성을 함께 이해할 수 있게 한 기획이 돋보입니다. 또한 그림과 도표, 사진, 지도 등 풍부한 시각 자료로 어린이들이 한국사를 입체적으로 이해할 수 있게 도와줍니다. 이 책을 통해 우리 어린이들이 올바른 역사관을 세우게 되길 기대해 봅니다.

고려대 교수, 전 문화체육관광부 장관
최광식

차례

인류의 탄생과 구석기 시대 • 08

콕콕! 우리 역사 바로 짚기

구석기 시대의 뗀석기를 만나 봐요! • 38

두루봉 동굴에서 잠든 흥수 아이 • 39

2

신석기 시대 • 40

콕콕! 우리 역사 바로 짚기

신석기 시대의 유물을 만나 봐요! • 64

반구대 암각화가 들려주는 이야기 • 65

청동기 시대와 고조선 건국 • 66

콕콕! 우리 역사 바로 짚기

　　청동기 시대의 청동기를 만나 봐요! • 98

　　고인돌의 나라를 아세요? • 99

사진 으로 보는 우리 역사

　　유물로 만나는 옛사람들의 삶 • 100

세계사 는 지금!

　　세계 4대 문명이 시작되다 • 102

약 70만 년 전　우리나라, 구석기 시대 시작

인류의 탄생과 구석기 시대

약 45억 년 전쯤, 우리가 사는 지구가 처음으로 생겨났어.
그때 지구는 아주 뜨거운 가스 덩어리였지.
오랜 시간이 지나는 동안
점점 열이 식고, 땅과 바다가 생겨났단다.
그리고 바닷속에서 첫 생명이 꿈틀거리기 시작했어.
가장 원시적인 단세포에서 시작한 생물은
바다에서 땅으로 퍼져 나가며
어류, 양서류, 파충류, 조류, 포유류로 진화했어.
그리고 마침내 약 300만 년 전,
지구에는 또다시 놀라운 변화가 찾아왔지.
바로 인류가 지구에 첫발을 내딛은 거야!

약 300만 년 전, 아프리카에서 최초의 원시 인류가 나타났어.
바로 오스트랄로피테쿠스야.
오스트랄로피테쿠스는 '남쪽 원숭이'라는 뜻이야.
생김새가 유인원과 사람의 중간쯤 되는 화석 인류지.
화석 인류란 지금은 없지만
화석을 통해 옛날에 살았던 사실을 알 수 있는 인류를 말해.
오스트랄로피테쿠스 역시 실제로 볼 수는 없지만,
지금까지 남아 있는 화석을 보고
어떻게 생겼는지, 어떻게 살았는지 짐작할 수 있단다.
오스트랄로피테쿠스는 지금 인류보다 두뇌가 삼 분의 이가 작았어.
생김새도 사람보다 원숭이를 닮았지.

하지만 오스트랄로피테쿠스는 엄연히 원숭이랑 달랐어.
비록 간단하기는 해도 직접 도구를 만들어 썼거든.
그래서 우리는 오스트랄로피테쿠스를 최초의 원시 인류라고 본단다.

최초의 인류, 오스트랄로피테쿠스

1924년, 남아프리카 공화국의 타웅에 있는 동굴에서 어린이의 두개골이 발견되었어요. 그 뒤로도 아프리카 동부와 남부 각지에서 이와 비슷한 화석이 차례로 발견되었지요. 그러다 1974년, 에티오피아의 리프트밸리에서 오스트랄로피테쿠스 뼛조각이 발견되면서 인류가 아프리카에서 처음 시작되었다는 사실이 공식화되었어요. 이때 발굴한 뼛조각으로 맞춰 복원한 오스트랄로피테쿠스의 화석에 '루시'라는 애칭이 붙었답니다.

그 뒤로 오랜 세월이 흘러 약 150만 년 전쯤 되었을 때,
호모 하빌리스가 지구 상에 나타났어.
호모 하빌리스는 '능력을 가진 사람'이란 뜻이란다.
호모 하빌리스는 오스트랄로피테쿠스보다 뇌가 크고
두 손을 자유롭게 쓸 수 있었어.
당연히 도구도 훨씬 잘 만들어 썼지.
그다음에는 호모 에렉투스가 나타났어.
호모 에렉투스는 '직립 원인', '서서 걷는 사람'이라는 뜻이야.
오늘날 인류처럼 온전히 두 발로 걸어 다녔어.
그래서 호모 에렉투스를 인류의 조상으로 본단다.
또한 주먹도끼와 같은 구석기 초기의 도구를 사용했어.
하지만 무엇보다 중요한 사실은
호모 에렉투스가 불을 사용했다는 거야.
불로 어두운 밤을 밝히고, 위험한 맹수를 멀리 쫓아내고,
날 음식을 안전하게 익혀 먹었지.
인류는 불을 사용하면서 한 단계 껑충 성장했어.

약 20만 년쯤 전에는 호모 사피엔스가 나타났어.
호모 사피엔스는 '슬기로운 인간'이라는 뜻이야.
이 시기의 인류를 '네안데르탈인'이라고도 불러.
호모 사피엔스는 뇌가 오늘날 인류와 거의 비슷할 정도로 컸어.
그래서인지 호모 사피엔스는 여러 면에서 더 사람다웠지.
비록 동물 가죽으로 만든 단순한 옷이지만
처음으로 옷을 만들어 입었고,
이전보다 도구를 정교하게 만들 줄 알았어.
또한 누군가 죽으면 땅속에 묻는 풍습이 있었어.
정말 오늘날 인류와 비슷한 모습이지?

추운 빙하기가 지나고, 지금으로부터 약 4만여 년 전쯤에
드디어 인류의 직접적인 조상이 나타났어.
호모 사피엔스 사피엔스가 그 주인공이야.
호모 사피엔스 사피엔스는 '매우 슬기로운 인간'이라는 뜻이지.
동굴에서 생활했지만 간단한 움집을 짓고 살기도 했어.
또한 도구를 얼마나 잘 만들었는지 몰라.
호모 사피엔스 사피엔스는 아시아, 아프리카,
유럽, 아메리카로 쫙 퍼져 나갔어.
그러면서 생김새가 달라졌어.
자신이 살고 있는 자연환경에 적응하면서 자연스레 모습이 변한 거야.
황인종, 흑인종, 백인종과 같은 구분도 이때 생겨났지.

호모 사피엔스 사피엔스, 크로마뇽인
호모 사피엔스보다 더 똑똑해졌다는 뜻에서 사피엔스를 하나 더 붙여 호모 사피엔스 사피엔스라고 불러요. 프랑스의 크로마뇽인, 이탈리아의 그리말디인, 중국의 상동인이 호모 사피엔스 사피엔스이지요. 그 가운데 크로마뇽인이 오늘날의 사람들과 가장 닮았어요. 특히 유럽 사람들과 비슷하게 생겼지요. 프랑스의 크로마뇽 동굴에서 발견돼서 '크로마뇽인'이라고 불러요. 크로마뇽인은 동굴 안에 벽화를 남기기도 했답니다.

지금 우리가 살고 있는 한반도 일대에는
대략 70만 년 전부터 사람이 살기 시작했어.
역사에서는 이때부터 1만 년 전까지를 '구석기 시대'라고 불러.
석기는 돌로 만든 도구야.
따라서 구석기 시대란 오래된 석기 시대란 뜻이지.
왜 시대 이름에 '석기'가 들어갔느냐고?
인류가 최초로 만들어 쓴 도구의 재료가 돌이거든.
구석기 시대는 우리나라뿐만 아니라
인류 역사에서도 가장 긴 시간을 차지해.
그만큼 인류가 오랫동안
석기를 사용했다는 뜻이란다.

하지만 구석기 시대에는 돌을 정교하게 다듬지 못했어.
큰 돌에서 작은 돌을 떼낸 정도였지.
이렇게 만든 석기를 '뗀석기'라고 해.

빙하기와 간빙기

지구 상에 사람이 나타난 뒤에 자연환경에 큰 변화가 있었어요. 네 차례의 빙하기와 세 차례의 간빙기가 반복된 거예요. 우리나라 구석기 시대는 제4 빙하기에 해당하는데, 한반도는 빙하 지대에서 벗어나 있었기 때문에 사람이 살기에 적당했답니다.

구석기 시대 사람들에게는
먹을거리를 구하는 일이 가장 중요했어.
이때는 사람들이 별다른 지식도, 기술도 없어서
먹고살기가 보통 힘든 게 아니었거든.
동굴에서 30여 명 정도가 모여 살면서
다 함께 먹을거리를 구하는 데 온 힘을 쏟았단다.
동굴은 사람들이 가장 손쉽게 추위와 비바람,
무서운 동물을 피할 수 있는 최고의 집이었지.
해가 뜨면 남자들은 사냥을 떠나고,
여자는 산과 들로 먹을거리를 채집하러 나섰어.
이때 간단한 도구를 직접 만들어 썼는데,
사용하는 목적과 필요에 따라서 여러 종류가 있었어.

사냥할 때에는 돌도끼와 돌창을 주로 썼어.
돌도끼는 도끼날처럼 생긴 돌멩이에
손잡이를 붙여 만들고,
돌창은 뾰족한 돌멩이에
기다란 자루를 붙여 만들었지.

사냥은 맛 좋은 음식을 얻는 일이었지만
그만큼 위험했어.
사냥하다 다치거나 목숨을 잃는 경우가 많았거든.
그래서 사냥을 떠나기 전에 하늘에 제사를 지냈어.
무사히 사냥에 성공하여 돌아오게 해 달라고
하늘에 빌었단다.

사냥을 떠나면 힘센 어른들이 돌도끼, 돌칼, 돌창을 들고 앞장서.
그럼 소년들이 기다란 막대기나 짐승 뼈다귀를 들고
어른들의 뒤를 따라갔어.
이윽고 사람들은 사냥감이 자주 지나다니는 골짜기에 이르렀어.
대장이 사방을 둘러보더니 명령을 내렸어.
"소년들은 산등성이로 올라가서 기다려라.
사냥감을 발견하면 우리가 기다리는 골짜기 아래로 내몰아야 해."
소년들은 산등성이로 올라갔어.
마침 동물 떼가 비탈길에서 풀을 뜯어 먹고 있었어.

소년들은 우우 소리치며 동물들을 골짜기 쪽으로 몰았어.
그러다 한 마리가 함정에 걸려들었어!
"한꺼번에 공격하라!"
대장의 말이 끝나기 무섭게 모두 덤벼들었어.
돌칼로 베고, 돌창으로 찌르고, 돌도끼로 내리찍었지.
"퍽!"
대장이 휘두른 돌도끼가 동물 머리에 정통으로 맞았어.
그 모습을 본 소년들이 기쁨의 함성을 내질렀지.
"명중이다!"
사람들이 우르르 달려가 쓰러진 동물을 에워쌌어.
그리고 기다란 돌창으로 마지막 숨을 끊었어.
이제 죽은 동물을 통째로 동굴로 가져갈 거야.
다 함께 잔치를 벌이고, 고기와 가죽을 나누어 갖겠지.

사냥을 가서 매번 성공할 수는 없었어.
때로는 허탕 치고 빈손으로 터덜터덜 돌아오곤 했지.
그래서 사냥만큼이나 채집도 중요했단다.
남자들이 사냥을 가면 여자들은 주변 산과 들로
나무 열매를 따고 풀뿌리를 캐러 다녔어.
여린 잎사귀나 꽃, 꿀, 버섯 등을 따기도 하고
새알과 어린 새, 도마뱀 등 작은 동물을 잡아왔지.
가까운 물가에서는 물고기나 가재, 조개 등을 잡기도 했어.
사냥과 채집을 통해 어렵사리 먹을거리를 구해 오면,
모두가 사이좋게 나눠 먹을 준비를 했어.

특히 사냥에 성공한 날은
잔칫날이 따로 없었지.
긁개로 동물 가죽을 벗기고
주먹 도끼로 고기를 잘라.
그리고 찍개로 다듬은 나뭇가지에
고기를 꿰어서 불에다 구워.
불에 구우면 날로 먹을 때보다
훨씬 맛있고 소화도 잘 되었단다.

구석기 시대에서 가장 중요한 변화는 불의 사용이야.
불을 사용하면서 사람들은 동물과는 다른 삶을 살 수 있었거든.
사람들은 자연에서 처음 불을 구했어.
산불이 나거나 벼락이 떨어지면 불이 사방팔방 화르르 타오르잖아.
처음에야 놀랍고 무서워서 도망가기 바빴겠지만,
점차 불이 밝고 따뜻하다는 사실을 깨달았지.

큰불이 어느 정도 잠잠해지고 작은 불씨만 남으면
나뭇가지 등에 불씨를 옮겨서 동굴에 가져왔을 거야.
그때부터 사람들은 불을 이용해서 추위를 피하고,
어둠을 밝히고, 날 음식을 익혀 먹고,
무서운 동물에게서 몸을 지킬 수 있게 됐지.
한마디로 사람들은 불을 사용하면서
동물과 같은 야생 상태에서 문명으로 나아간 셈이야.

구석기 시대 사람들은 동굴에서 살았어.
해가 뜨면 동굴 밖으로 나가 먹을거리를 구하고
해가 지면 동굴로 돌아와 함께 저녁을 먹었단다.
사람들에게 동굴은 최고로 아늑한 보금자리였지.
그러나 아무리 좋은 동굴이라도 계속 살 수는 없었어.
동굴 근처에 있는 먹을거리를 다 먹어 치우면
다른 동굴로 이사 가야 했거든.

사람들이 무리를 지어 살았기 때문에
주변 먹을거리를 먹어 치우는 속도가 아주 빨랐어.
그래서 이 동굴에서 저 동굴로 옮겨 다니며 살 수밖에 없었단다.
동굴을 떠날 때는 불씨와 석기 등 필요한 도구를 꼭꼭 챙겼어.
살기에 알맞은 동굴을 찾을 때까지 먹을 음식을 챙긴 다음,
새로운 동굴을 찾아 나섰지.

살기 좋은 동굴을 찾기란 그리 쉬운 일은 아니었어.
우선 무리 사람들이 모두 살 수 있을 만큼
동굴 안이 넓고 깨끗해야겠지.
주변에 먹을거리를 구할 산과 들이 있고,
사냥터와도 멀지 않아야 하며,
깨끗한 물가도 있어야 하지 않았을까?
그래서 알맞은 동굴을 찾으면
아마 보물을 찾기라도 한 듯 무진장 기뻤을 거야.

새로운 동굴에 들어서면 제일 먼저 불부터 피웠어.
차디찬 동굴이 따뜻해지면,
다들 옹기종기 둘러앉아 도란도란 이야기를 나누며
새로운 사냥을 준비하며 도구를 손질하고,
오래 입어 낡고 헤진 옷을 고쳤을 거야.
그때만 해도 옷감이 변변하지 않아서
기껏해야 동물 가죽이나 털,
넓은 나뭇잎과 풀잎 등을 엮어 옷을 만들었거든.

구석기 시대 사람들은 오래 살지 못했어.
사냥을 하다 죽는 사람, 아이를 낳다가 죽는 사람,
새로운 동굴을 찾아 나섰다가 죽는 사람,
먹을거리가 떨어져서 굶어 죽는 사람,
다치거나 병에 걸려 죽는 사람이 정말 많았거든.
사람들은 죽은 사람을
나 몰라라 내버려 두지 않았어.
땅에 묻은 뒤에 꽃이나 꽃가루를 뿌려 주었지.
왜 그랬을까?
아마 사람이 죽으면 두 번 다시 만날 수 없기에
사랑하는 마음을 담아
고운 꽃을 뿌렸던 것으로 생각돼.

인류 역사상 가장 오랜 기간을 차지한 구석기 시대!
우리나라에도 구석기 시대 유적이 여러 군데 남아 있어.
평양 만달리 유적, 평양 대현동 동굴, 덕천 승리산 동굴,
연천 전곡리 유적, 청원 두루봉 동굴,
공주 석장리 유적, 웅기 굴포리 유적 등이야.
우리는 이 유적에 남은 흔적을 보고
구석기 시대 사람들이 살았던 모습을 짐작할 수 있단다.
구석기 시대 사람들은 여럿이 동굴에 모여 살며
사냥과 채집으로 먹을거리를 구했지.
나뭇잎과 풀, 짐승의 가죽이나 털로 옷을 지어 입고,
뗀석기처럼 간단한 도구를 만들어 썼어.
그리고 불을 이용하며 문명으로 한 발짝 다가섰어.
그렇다면 다음 장에서 만나 볼 '신석기 시대'는
구석기 시대와 무엇이 다를까?
새로운 여행을 떠나 보자꾸나.

콕콕! 우리 역사 바로 짚기

구석기 시대의 뗀석기를 만나 봐요!

찍개

찍개는 인류가 최초로 사용한 석기였어요. 구석기 시대 내내 아주 많이 사용되었지요. '무언가를 쿵쿵 찍어 내는 데 쓴 도구'라서 '찍개'라고 불러요. 사냥한 고기를 자르거나 땅을 팔 때 썼다고 해요. 사진 속 찍개는 경기도 파주시에 있는 산에서 발견되었답니다.

주먹 도끼

주먹 도끼는 한 손으로 쥘 수 있는 크기의 도구예요. 한쪽 끝이 뾰족하게 생겼지요. 사진 속의 주먹 도끼는 강화도에서 발견된 유물이에요. 주먹 도끼는 우리나라뿐 아니라 인도, 유럽 대륙과 아프리카 대륙 등 전 세계에서 발견되고 있어요. 전 세계에서 두루두루 썼던 뗀석기였지요.

긁개

긁개는 구석기 시대 후기에 많이 썼던 뗀석기예요. 자갈돌로 만들었지요. '무언가를 긁는 데 쓴다'고 해서 '긁개'라고 불러요. 동물을 잡아 고기를 저미거나 가죽을 다듬을 때, 나무껍질을 벗길 때 썼어요. 사진 속 긁개는 경기도 파주시에 있는 산에서 발견되었답니다.

두루봉 동굴에서 잠든 흥수 아이

1983년이었어요. 충청북도 청주시의 두루봉 동굴을 조사 중이던 충북대학교 발굴단이 깜짝 놀랄 만한 발견을 했어요. 바로 구석기 시대의 어린아이 뼈를 발견한 거예요. 약 4만 년 전에 살았던 것으로 추정되는 아이였지요. 이 아이를 발견한 김흥수 씨의 이름을 따서 '흥수 아이'라는 이름을 붙여 주었어요.

발견 당시 흥수 아이는 바위 위에 바로 누운 모습이었어요. 또한 아이의 뼈 위에는 고운 흙을 뿌린 흔적이 남아 있었지요. 아이 주변에는 꽃가루 흔적도 있었고요. 대여섯 살로 추정되는 흥수 아이는 아마도 병에 걸려 어른이 되기 전에 세상을 떠난 것 같아요. 그래서 흥수 아이를 떠나보낸 식구들과 무리 사람들은 마음 아파하면서 아이를 땅에 묻고 꽃을 뿌렸을 거예요. 흥수 아이를 통해 우리나라 구석기 시대에도 매장과 장례 풍습이 있었다는 사실을 알 수 있어요.

또한 두루봉 동굴에서는 흥수 아이뿐 아니라, 다른 구석기 시대의 동물 화석과 간단한 석기도 발견되었어요. 덕분에 우리나라 구석기 시대의 모습을 더욱 잘 알 수 있게 되었답니다.

기원전 8000년 무렵 　 우리나라, 신석기 시대 시작

신석기 시대

약 1만 년 전, 인류 역사는 새로운 전환기를 맞이해.
구석기 시대가 끝나고 신석기 시대가 시작되었거든.
신석기 시대란 '새로운 석기 시대'라는 뜻이야.
구석기 시대에 '뗀석기'를 썼다면
신석기 시대에는 새로운 석기, '간석기'를 썼어.
간석기는 뗀석기보다 훨씬 모양이 정교해서
사용하기 편했어.
간석기는 금세 널리널리 퍼졌어.
이 밖에도 신석기 시대에는 여러 가지 변화가 일어났어.
어떤 변화가 있었는지 살펴볼까?

신석기 시대 사람들은 생활 터전을 동굴에서 물가로 옮겼어.
강가나 바닷가에 커다란 고깔 모양 움집을 지었지.
움집 한 채당 보통 4~5명 정도가 살았어.
움집을 지으려면 기초 바닥 공사가 무엇보다 중요해.
우선 땅을 파고 바닥을 단단하게 다지고서
튼튼한 나무로 기둥과 서까래를 세워.
그다음에 짚이나 풀을 얹어 지붕을 만든단다.
움집 안에는 불을 피우는 화덕을 두었어.
불은 집을 따뜻하게 할 뿐만 아니라 요리할 때도 꼭 필요했거든.
움집 입구에는 돌칼, 돌도끼, 돌화살 같은 도구를 놓았어.
그래야 일하거나 사냥하러 나갈 때 들고 나가기 쉽잖아.
구석진 자리엔 먹을거리를 보관하는 토기를 두었지.

신석기 시대에도 구석기 시대처럼 석기를 주로 사용했어.
하지만 석기라고 해도 다 같은 석기가 아니야.
구석기 시대는 돌을 떼어 내서 만든 '뗀석기'를 썼다면,
신석기 시대에는 돌을 날카롭게 갈아서 만든 '간석기'를 썼단다.
간석기는 뗀석기보다 모양이 정교하고 날카로워서 쓰기 편했지.
간석기를 어떻게 만드는지 궁금하다고?
먼저 적당한 돌을 골라 썰개로 자른 뒤 숫돌에 싹싹 갈아.
그러면 거친 부분을 없애고 매끄럽고도 날카롭게 만들 수 있어.
때로는 구멍을 뚫어 나무토막과 연결하여 사용하기도 했어.
신석기 시대 사람들은 이렇게 돌칼, 돌도끼, 돌화살촉 등을 만들었어.

물론 석기 말고 다른 도구도 만들어 썼단다.
강이나 바다 근처에 사니까
물고기를 잡는 도구가 필요했겠지?
나뭇가지와 동물 뼈 등을 이용해
다양한 도구를 만들었어.
물고기를 찔러 잡을 수 있는 작살,
미끼를 달아 한 마리씩 낚을 수 있는 낚싯바늘,
한꺼번에 많은 물고기를 잡을 수 있는
통발이나 커다란 그물 등등.
와, 정말 많은 도구를 만들어 썼지?

너희 조개를 좋아하니?
신석기 시대 사람들은 조개를 아주 좋아했던 모양이야.
특히 바닷가에 사는 사람들은 생선과 조개를 많이 먹었어.
도미, 삼치, 상어, 성게, 굴, 전복, 소라, 우렁이 등등
다양하게 먹었는데, 그 가운데 으뜸은 조개였어.
손쉽게 구할 수 있는 먹을거리였기 때문일 거야.
바닷가에서 줍기만 하면 되니까 말이야.
신석기 시대 사람들이 얼마나 조개를 많이 먹었는지,
먹고 버린 조개껍데기가 무덤처럼 쌓였단다.
이것을 '패총' 또는 '조개무덤'이라고 해.
바닷가에 있는 신석기 시대의 유적에서는
패총이 심심치 않게 발견되고 있어.

사람들은 그 밖에도 여러 가지 음식을 먹었어.
물고기나 조개와 같은 물속 생물뿐만 아니라
구석기 시대처럼 사슴이나 멧돼지를 사냥해 먹고,
갖가지 나무 열매와 버섯을 따고 풀뿌리를 캐서 먹었단다.
확실히 구석기 시대보다 먹을거리가 풍족했지.
그러다 보니 자연스럽게 음식을 보관할 그릇이 필요해졌어.
구석기 시대에는 음식을 담아 둘 그릇이 없었거든.
기껏해야 동물 가죽으로 만든 주머니가 전부였어.
하지만 신석기 시대 사람들은 달랐어.
진흙을 반죽하여 그릇 모양으로 빚은 다음,
뜨거운 불에 구워서 토기를 만들었단다.
그리고 토기에 담아서 음식을 조리하거나 보관했지.
신석기 시대 사람들이 쓴 토기는
겉면에 빗살무늬가 있어서 '빗살무늬 토기'라고 불러.
빗살무늬 토기는 밑부분이 뾰족하게 생겼는데,
흙이나 모래에 쉽게 꽂아 두기 위해서였어.

사람들은 토기를 쓰면서
다양한 요리법을 개발할 수 있었어.
특히 쓰고 떫은 도토리를
맛있게 요리해 먹게 됐단다.

토기에 물을 붓고 도토리를 담가 두면
도토리의 쓰고 떫은맛이 빠져나가.
한참 뒤에 도토리를 건져서
드르륵드르륵 가루로 갈아 내.

도토리 가루에 물을 조금 붓고
조물조물 빚은 다음
보글보글 끓는 물에 삶아.

짠! 맛있는 도토리 떡 완성이오!

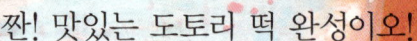

실컷 먹고 남은 음식은 빗살무늬 토기에 담아 뒀어.
다시 말해 먹을거리가 많아지고
생활이 넉넉해지면서 '저장 문화'가 시작된 셈이지.

신석기 시대에는 옷도 구석기 시대와 달랐어.
구석기 시대 사람들은 동물 가죽과 털로 옷을 만들었어.
하지만 신석기 시대 사람들은 식물에서 실을 뽑아 옷감을 짰지.
삼이라는 식물의 하얀 속껍질에서 가느다란 실을 뽑아
가로와 세로로 번갈아 교차하며 옷감을 짠 거야.
이때 가로 방향으로 놓는 실을 '씨실' 또는 '씨줄'이라고 해.
세로 방향으로 놓는 실은 '날실' 또는 '날줄'이라고 하지.
옷감을 촘촘하게 짠 다음에는
동물 뼈나 돌, 깨진 토기 조각으로 만든 바늘로
바느질을 해서 간단한 치마와 바지, 저고리 등을 만들었단다.

신석기 시대 사람들은 장신구로 멋을 부리기도 했어.
커다란 조개껍데기의 가운데를 파내어 팔찌로 차기도 하고,
조개껍데기를 이어 붙여서 목걸이를 만들기도 하고,
동물의 송곳니로 발찌를 만들기도 했지.

하지만 신석기 시대의 가장 큰 변화는 농사야.
구석기 시대에는 나무 열매를 따 먹거나 풀뿌리를 캐어 먹는 등
자연에 있는 먹을거리를 그냥 가져올 뿐이었지.
그래서 자연에 먹을거리가 없으면 쫄쫄 굶을 수밖에 없었어.
하지만 신석기 시대 사람들은 농사를 지으면서
직접 먹을거리를 생산할 수 있게 됐단다.

아마 처음에는 어떤 사람이 먹고 버린 식물의 씨앗에서 싹이 트고,
점점 자라서 열매 맺는 과정을 눈여겨 지켜보았을 거야.
그러다가 씨앗을 심으면 열매를 얻는다는 사실을 깨달았지.
이 우연한 발견이 위대한 변화를 가져왔단다.
바로 신석기 혁명이라 불리는 '농사'가 시작된 거야.

인류가 처음으로 농사짓기 시작한 때는 약 1만 년쯤 전이라고 해.
사람들은 농사를 지으면서 삶이 크게 바뀌었어.
예전처럼 먹을거리를 찾아 이 동굴에서 저 동굴로
옮겨 다니며 살 필요가 없어졌지.
사람들은 씨를 뿌린 땅에 머물러 살며
씨앗에서 싹이 트고 자라서 열매를 맺을 때까지 돌보았단다.
자연스럽게 한곳에 계속 사는 '정착 생활'을 하게 된 거야.

사람들은 울창한 나무를 잘라 내고
그 자리에 불을 놓아 농사지을 땅을 마련했어.
이런 방식을 '화전'이라고 해.
화전에 씨앗을 뿌리거나 식물의 뿌리를 심으면
식물이 타고 난 재를 비료 삼아 쑥쑥 잘 자랐단다.
시간이 흐를수록 농사짓는 기술이 차츰차츰 발전했어.
신석기 시대 중기에는
넓은 땅에다 농사를 크게 지었을 뿐만 아니라
조, 수수, 기장, 피, 콩 등 다양한 곡물을 키울 수 있게 됐지.
신석기 후기에는 쌀농사가 시작되었어.
그 덕분에 먹을거리가 넉넉해져서 사람 수도 많이 불어났어.

사람들은 정착 생활을 하며 가축을 기르기 시작했어.
산과 들을 누비며 힘들게 사냥감을 잡는 대신
늑대와 들소, 멧돼지 등을 잡아다 집 근처에 가두어 놓고 길렀어.
이 늑대와 들소, 멧돼지가 오늘날 개와 소, 돼지의 조상이야.
사람들은 이제 힘들게 사냥하러 가지 않아도
필요할 때마다 원하는 고기를 얻을 수 있게 됐어.
또한 때가 되면 가축들이 새끼를 낳아 점점 수를 불려 가니
그야말로 꿩 먹고 알 먹기였지!

신석기 시대는 구석기 시대와 마찬가지로 공동체 사회였어.
온 마을 사람들이 힘을 모아 함께 농사짓고,
수확물을 골고루 나누어 가졌지.
게다가 한곳에 머물러 살다 보니
점점 마을 사람 수가 불어나서 규모가 커져 갔어.
구석기 시대에는 30명 남짓한 무리가 옮겨 다니며 살았다면,
신석기 시대에는 한곳에 수백 명이 머물러 살며 가족 수를 계속 불려 갔어.
이처럼 점점 많아진 가족, 친척이
같은 지역에 모여 살면서 이루어진 사회를 '부족 사회'라고 해.
이렇게 옛날 사람들의 삶은 나날이 변화하고 발전했단다.

신석기 시대 유적지는 세계 곳곳에 남아 있어.
우리나라에도 대표적인 유적지가 여러 곳 있단다.
황해도 봉산 지탑리 유적, 서울 암사동 유적, 하남 미사동 유적,
부산 동삼동 유적 그리고 제주 고산리 유적 등이야.
특히 제주 고산리 유적은 우리나라에서
가장 오래된 신석기 유적지로 짐작돼.
부산 동삼동 유적은 패총으로,
서울 암사동 유적지는 움집터로 유명하지.
우리는 이 유적에 남아 있는 흔적을 통해
신석기 시대 사람들이 살았던 모습을 상상할 수 있어.
신석기 시대 사람들은 강가나 바닷가에서
움집을 짓고 마을을 이루며 살았단다.
돌을 갈아 만든 간석기를 썼고, 흙으로 토기를 빚었고,
야생 동물을 잡아다 가축으로 길렀으며,
식물에서 실을 뽑고 옷감을 짜서
옷을 지어 입었어.

무엇보다 가장 중요한 농사를 시작했지!
자연히 사람들은 정착 생활을 하게 되었고,
이로써 인류 역사는 또다시 한 단계 진보했단다.

콕콕! 우리 역사 바로 짚기

신석기 시대의 유물을 만나 봐요!

뒤지개

뒤지개는 농사를 짓기 위해 썼던 도구예요. 돌로 만든 날에 나무로 만든 손잡이를 묶어서, 땅을 뒤엎거나 땅속 풀뿌리를 캐는 데 썼어요. 뒤지개는 점점 발전해 '보습'이라는 농기구로 발전했지요. 사진 속 뒤지개는 서울 암사동 유적에서 발견되었어요.

빗살무늬 토기

신석기 시대를 대표하는 빗살무늬 토기예요. 서울 암사동 유적에서 발견된 유물이지요. 겉면에 빗살 같은 무늬를 넣어서 '빗살무늬 토기'라고 불러요. 바닷가의 조개더미 유적이나 강가의 생활 유적지에서 많이 발견되었어요. 바닷가나 강가는 신석기 시대 사람들이 많이 살았던 곳이지요.

가락바퀴

사진 속 가락바퀴는 기원전 2000년대의 것으로 보고 있어요. 실을 뽑는 데 썼던 도구지요. 가운데 있는 구멍에 막대기를 꽂아 실을 뽑았어요. 가락바퀴는 아주 오랜 시간에 걸쳐 발전되고 발전되어 '물레'가 되었답니다. 가락바퀴의 재료는 돌, 뼈, 흙 등이었어요. 사진 속 가락바퀴는 흙을 빚어서 구워 만든 거예요.

반구대 암각화가 들려주는 이야기

 울산시 울주군에 가면 반구대라는 커다란 바위가 있어요. 평범한 바위가 아니라 국보 제285호로 지정된 아주 중요한 바위예요. 이 바위를 통해 신석기 시대 사람들이 어떻게 살았는지 자세히 알 수 있거든요.
 반구대의 크기는 높이 3미터, 너비 10미터예요. 이 바위에는 신석기 시대부터 청동기 시대까지 살았던 사람들이 새겨 놓은 그림이 200점도 넘게 있어요. 이런 그림을 '암각화'라고 해요. 이 바위에는 어떤 암각화가 있을까요?
 고래, 거북, 개, 사슴, 호랑이, 멧돼지 그리고 그물이나 울타리에 갇혀 있는 짐승, 여러 사람이 탄 배, 사람의 얼굴 들이 가득 그려져 있어요. 고래잡이 배 같은 그림도 있고요. 반구대 근처에 사는 사람들은 아마도 배를 타고 강을 따라 내려가 고래를 잡았던 것 같아요. 그리고 사냥꾼의 모습과 함께 무당의 모습도 보여요. 아마도 사냥을 가기 전에 무당이 무사 귀환을 비는 제사를 올렸던 것 같아요.

65

기원전 2333년　● 단군, 고조선 건국
기원전 1000여 년 전　● 우리나라, 청동기 시대 시작

청동기 시대와 고조선 건국

구석기 시대와 신석기 시대를 거치면서
인류는 많은 발전을 했어.
구석기 시대의 무리 생활에서
신석기 시대의 부족 사회로의 발전은
그다음 찾아오는 청동기 시대의 밑바탕이 되었단다.
참, 이 시기에는 우리 역사에서 아주 중요한 일이 일어났어.
바로 우리 민족 최초의 국가, 고조선이 세워졌거든.
그럼 청동기 시대는 어떤 모습이었는지,
최초의 국가 고조선은
어떻게 세워졌는지 함께 살펴볼까?

우리 역사에서 청동기 시대는 기원전 1천여 년 전에 시작되었어.
청동기란 청동으로 만든 도구를 뜻해.
청동은 구리에 주석을 섞어서 만든 금속이야.
청동기 시대는 지난 구석기와 신석기 시대와 매우 달랐어.
석기가 아니라 금속을 처음으로 사용한 시대거든.
석기는 자연에서 얻은 재료를 그대로 사용했지만,
금속은 재료를 불로 녹여, 원하는 모양의 물건을 새롭게 만들어야 했어.
땅속 깊숙한 곳에서 캐낸 재료를 뜨거운 불로 녹인 다음,
거푸집*에 붓고 굳혀서 검푸른 금속을 얻었지.
금속을 사용했다는 건 그만큼 기술이 발전했다는 뜻이야.
주변에 널려 있던 돌을 주워 와서 두드리고 깨고 갈아 쓰다가
금속을 만들다니 정말 놀라운 발전이지.

*거푸집: 속이 비어 있는 모양 틀. 쇠붙이를 녹여 붓고 원하는 모양대로 굳히는 데 사용하는 도구.

하지만 청동기는 만들기가 어려워서 많이 만들어 쓰지는 못했어.
산속에서 땅을 깊이 파내고 재료를 캐내야 했거든.
게다가 활활 타오르는 불 앞에서 땀을 뻘뻘 흘리며
구리와 주석을 녹인 다음 거푸집에 부어서 섞고,
원하는 모양대로 굳히는 일은
그야말로 엄청난 시간과 정성과 기술이 필요했지.

구리와 주석을 충분히 녹이지 않아도,
섞는 양이 틀려도, 굳힐 때에 실수해도,
원하는 청동기를 만들 수 없었어.
그래서 아무나 청동기를 만들어 쓰지 못했지.
대장간에서 전문 기술자들이 온종일 힘들게 일해야
겨우 품질 좋은 청동기를 만들어 낼 수 있었단다.
그럼 이토록 힘들게 만든 청동기를 과연 누가 사용했을까?

녹인 금속을 얼른 거푸집에 넣읍시다!

구석기와 신석기 시대에는 모두가 똑같이 일하고
수확물을 똑같이 나누어 가졌다고 했지?
청동기 시대부터는 서서히 차이가 생겨나기 시작했어.
농사짓는 땅이 커지고 농사짓는 기술이 발달하면서
사람들은 충분히 먹고도 먹을거리가 많이 남았거든.
남은 먹을거리를 차곡차곡 모아 두면서
'재산'이라는 개념이 생겨났지.
집집마다 재산을 따로따로 모으면서
많이 가진 사람과 적게 가진 사람의 차이가 벌어졌어.

그렇게 시간이 흐르면서 차츰차츰 사람들 사이에
위아래 신분과 지위가 생겨났고,
결국 지배하는 사람과 지배받는 사람으로 나뉘었어.
이 지배하는 사람들이 썼던 특별한 도구가 바로 청동기야.

청동기 시대의 도구
청동기는 만들기 어려울 뿐 아니라 재료도 충분하지 않았어요. 그래서 지배 계층의 무기나 장식품으로 사용되었지요. 농기구나 생활 도구는 여전히 간석기나 나무로 만든 것을 이용했어요.

청동기 시대에는 신석기 시대보다 농사를 더 많이 지었어.
그래서 큰 강 주변에 사람들이 몰렸단다.
큰 강 주변은 물을 끌어다 쓰기 편해서 농사짓기 좋거든.
그런데 넓은 땅에 농사짓기가 그리 쉬운 일은 아니잖아.
특히 쌀농사를 짓기 위해서는 물을 끌어다 쓸 물길을 내야 했어.
홍수나 가뭄에 대비하여 둑과 저수지도 필요했지.
이런 일을 한두 사람이 할 수는 없어.
부족이 모두 힘을 합친다고 해도 일손이 부족하지.
그래서 서로 다른 부족들이 하나로 뭉쳐서
점점 큰 부족 연맹으로 커져 나갔단다.
예전과는 비교할 수 없으리만치 많은 사람이 한데 모였으니
모두를 대표하여 이끄는 사람이 필요했겠지?
그래, 맞아! 수장이야.
수장은 부족 연맹 사람들을 대표하며 이끄는 사람이었어.
높은 지위와 권력을 가진 지배자인 동시에
하늘에 제사를 지내는 제사장이었단다.

청동기 시대는 제정일치 사회였어.
제정일치란 정치와 종교가 한데 묶인 것을 뜻해.
청동기 시대에는 수장 한 사람이
부족 연맹을 다스리는 정치적 행위와
하늘에 제사를 지내는 종교적 행위를 도맡았거든.
수장은 큰 권력과 높은 지위를 가진 만큼
책임도 아주 무거웠어.
그래서 힘 있는 수장은 더 큰 힘을 얻으려고 노력했어.
이웃 부족을 공격해서 땅과 식량, 가축을 빼앗고
이웃 부족민을 끌고 와서 노예로 삼았지.
또한 청동 거울과 청동 방울을 들고
하늘에 제사를 드리며 신성한 권위를 뽐내기도 했어.
모두가 수장을 우러러 받들고 따르게 하려는 뜻이었단다.

청동기 시대를 살았던 수장과 관련된 유적이 있어.
바로 청동기 시대의 대표적인 무덤 '고인돌'이야.
아주 오랜 옛날부터 사람들은 죽음이 끝이 아니라고 생각했어.
사람이 죽으면 이 세상에서 저 세상으로 옮겨 가서
계속 살아간다고 믿었거든.
그래서 사람이 죽으면 무덤을 만들고,
살아 있을 때에 쓰던 물건들을 함께 넣어 주었단다.
특히 수장이 죽었을 때는 사용하던 물건뿐 아니라,
살아 있는 노예까지 함께 묻기도 했어.
산 사람을 죽은 사람과 함께 묻는 풍습을 '순장'이라고 해.
죽은 사람을 위해 살아 있는 사람을 땅에 묻다니
생각만 해도 정말 끔찍한 일이야.

수장의 힘이 셀수록 고인돌의 크기가 커졌어.
어떤 고인돌은 수백 명이 달라붙어 세워야만 했지.
고인돌을 만들려면 가장 먼저 적당한 돌덩이를 구해야 해.
돌덩이는 고임돌 두 개와 막음돌 한 개,
그 위에 덮는 덮개돌 한 개가 필요하지.
마땅한 돌덩이를 구하면 무덤 자리로 옮겨야 해.
고임돌과 막음돌은 크기가 작아 비교적 쉽게 운반할 수 있어.
하지만 덮개돌은 무게가 무려 수십 톤이나 되기 때문에
수백 명이 힘을 합쳐 낑낑거리며 옮겨야 한단다.

다음 수장이 될 사람이 고인돌 공사를 총지휘하고,
아녀자들은 일하는 남자들이 먹을 음식을 준비하고,
마을 아이들은 멀찌감치 떨어져서 구경을 하지.
이처럼 고인돌을 세우는 일은 수장 사회 전체가 함께하는 행사였어.
자, 그럼 본격적으로 고인돌을 세워 볼까?

고임돌에 밧줄을 묶은 다음
모두가 힘을 합쳐 고임돌을 세우고,
받침돌로 고정시켜.

그리고 고임돌 사이에 흙을 채워 넣어.
후유, 여기까지 무사히 마쳤네.

이제 가장 크고 무거운 덮개돌을 위로 올려야 해.
덮개돌에 밧줄을 묶고 흙 위로 끌어 올리는 거야.
덮개돌 앞에 통나무를 놓고 굴리면
좀 더 편하게 끌어 올릴 수 있지.

영차! 영차!
덮개돌이 고임돌 위에 올라갔어!

마지막으로 고임돌 사이에 채운 흙을 치웠어.
짠! 드디어 고인돌이 완성됐어!

청동기 시대 사람들은 너른 들이 펼쳐져 있고,
물이 흐르는 곳에 마을을 만들었단다.
마을 바깥에는 높은 울타리를 세웠고,
다른 부족이 공격해 오지 못하게 높은 망루를 세워서 감시했어.
마을 한가운데에는 수장이 사는 집이 있었어.
우물과 다락 창고도 마을의 중심부에 있었단다.
우물은 온 마을 사람들이 마실 물이 나오는 곳이고,
다락 창고는 마을 사람들이 함께 사용하는 곡식 창고였어.
곡식이 썩지 않게 하려면 바람이 잘 통해야겠지?
그래서 다락 창고는 사람들이 사는 집보다 높이 지었단다.
그 밖에도 하늘에 제사를 지낼 제단,
청동기를 만드는 공방, 가축을 기르는 우리 등이
마을 사람들이 사는 집들과 함께 있었지.

청동기 시대의 집

청동기 시대의 집은 신석기 시대와 달리 땅을 파서 짓지 않았어요. 땅을 야트막하게 판 뒤에 기둥을 세우고, 지붕을 올렸지요. 바닥에 습기를 없애기 위해 불을 피워서 땅을 굳혔으며, 집 한켠에 ㄱ자로 구들을 깔고 화덕 아궁이에 연결했어요. 화덕에 불을 땔 때마다 구들이 따듯하게 데워졌지요. 이것을 '쪽구들'이라고 불러요.

청동기 시대 사람들은 바다로 고래 사냥을 나가기도 했어.
고래는 몸집이 커서 한 마리만 잡아도
고기와 기름을 많이 얻을 수 있지.
마을 어른들은 사냥을 떠날 때마다 하늘에 제사를 올렸어.
사냥을 마치고 무사히 돌아오게 해 달라는 뜻이었단다.
제사가 끝나면 바닷가에 매어 둔 통나무배에 올라탔어.
통나무배 한 척에 열 명도 넘는 사람이 탔지.
끝이 뾰족한 작살을 들고 고래 잡으러 출발!

마을 소년들은 바닷가 근처 커다란 바위 위로 올라가
멀리 떠나가는 통나무배를 큰 소리로 응원했지.
이 소년들이 자라서 청년이 되면
똑같이 통나무배를 타고 고래 사냥을 떠날 거야.
통나무배는 스르륵 미끄러지듯 바다로 나아갔어.
고래를 잡으려면 먼바다까지 나가야 해.

"고래다! 저기 고래가 나타났다!"
때마침 커다란 고래가 숨을 쉬러 바다 위로 올라온 거야.
통나무배는 왼쪽과 오른쪽으로 나뉘어 고래를 둘러쌌어.
"지금이다, 모두 작살을 던져라!"
휙! 휙휙! 휙휙!
날카로운 작살이 고래 몸에 사정없이 박혔어.
고래는 괴로운 듯 이리저리 몸을 비틀었어.

사냥꾼들은 날뛰는 고래를 놓칠세라
작살 끝에 달린 줄을 꼭 쥐었어.
그리고 고래가 몸부림치다 지치기만을 기다렸지.
마침내 고래가 완전히 힘이 빠지자 사냥꾼들은 뱃머리를 돌렸어.
이제 가족들이 기다리고 있는 마을로 돌아가서
고래 고기와 기름을 나누는 일만 남았지!

청동기 시대에는 마을 사람들이 많아진 덕분에
고인돌을 세우거나 고래 사냥을 나가는 등
예전에는 상상도 못 했던 큰일을 할 수 있었어.
하지만 크고 작은 문제도 많이 생겨났단다.
'어떻게 하면 효율적으로 수장 사회를 다스릴 수 있을까?'
수장 혼자 마을 연맹 사람들을 하나하나 관리할 수는 없잖아.
그래서 수장을 도와줄 관리와 군대,
사회 질서를 바로잡아 줄 법률과
잘못한 사람을 가두는 감옥 등
다양한 사회적 장치가 필요해졌어.
그러면서 강한 군사력을 중심으로
여러 마을이 뭉치는 과정에서 최초의 국가들이 탄생했어.
우리나라 최초의 국가 고조선 역시 마찬가지야.
여러 마을이 한데 모여서 이루어졌지.
참, 고려 시대에 일연 스님이 쓴
역사책 《삼국유사》에 고조선의 건국 신화가
실려 있는데 한번 들어 볼래?

옛날에 환인이 하늘나라를 다스릴 때에 있었던 일이야.
환인의 아들 환웅은 인간 세상에 관심이 많았어.
어느 날, 환인이 환웅을 불러 천부인 세 가지를 내주며 말했지.
"아들아, 지금부터 네가 인간 세상을 잘 다스려 보아라."
"정말 감사합니다."
환웅은 환인의 뜻을 받아들여 인간 세상으로 내려왔어.
바람을 다스리는 풍백과 비를 다스리는 우사와
구름을 다스리는 운사가 환웅의 뒤를 따랐지.
환웅은 자신을 따르는 3천 명의 무리를 거느리고
태백산 신단수 밑에 내려왔어.
그곳을 '신시'라 이름 붙이고
곡식과 수명, 질병, 형벌, 선악에 관한 일을 맡아
온 세상을 두루 보살피고 잘 다스렸단다.

천부인의 뜻

천부인이란 거울, 방울, 칼을 말해요. 거울은 하늘나라의 지혜를 나타내는 물건으로, 지혜롭게 백성을 다스리라는 뜻이에요. 방울은 큰 소리를 내어 천지가 하나 됨을 나타내는 물건으로, 온 백성을 하늘의 자손처럼 대하라는 뜻이지요. 칼은 나라의 힘을 나타내는 물건으로, 어떤 위험이 닥치더라도 꿋꿋하게 나라를 지키라는 의미랍니다.

그러던 어느 날,
잡식 동물인 곰과 육식 동물인 호랑이가
환웅을 찾아왔어.
"제발 저희를 인간으로 만들어 주세요."
환웅은 쑥 한 줌과 마늘 스무 쪽을 주면서 말했지.
"너희가 동굴 속에서 쑥과 마늘만 먹으면서
백 일 동안 햇빛을 보지 않으면 사람으로 변하리라!"
곰과 호랑이는 쑥과 마늘을 들고 굴속으로 들어갔어.

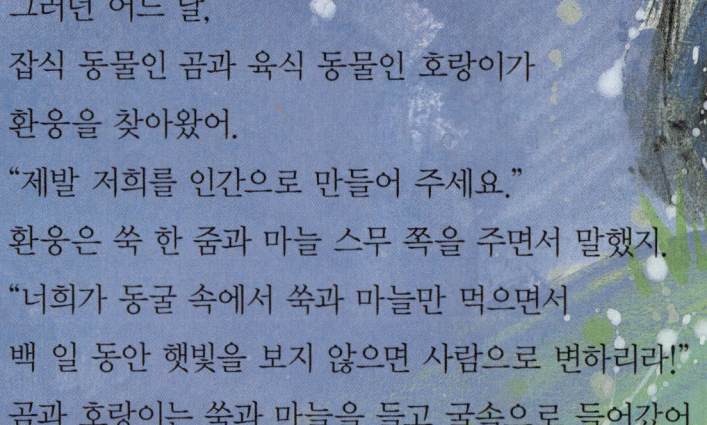

하지만 호랑이는 배고픔을 견디다 못해
동굴 밖으로 뛰쳐나갔어.
곰만 홀로 우직하게 남아 버텼지.
'인간이 될 수만 있다면 뭐든 견딜 수 있어.'

스무하루가 되던 날 아침,
곰은 마침내 여자의 몸으로 변했단다.
곰이 변한 여자를 웅녀라고 해.
웅녀는 환웅과 혼인하여 아들을 낳았어.
이분이 바로 우리 민족의 시조인 단군 왕검이란다.
훗날 단군왕검은 자라서 평양성에 도읍을 정하고
우리나라 최초의 국가 고조선을 세웠어.
이때가 기원전 2333년의 일이야.

우리나라 최초의 국가인 고조선은 영토가 얼마나 넓었을까?
아주 오랜 옛날이라 지금처럼 영토를 정확하게 알 수는 없어.
다만 고조선이 오늘날 중국의 요동 지방에서
한반도 북부에 걸친 나라였다는 사실만 짐작할 수 있지.
농업이 발달하고,
청동기를 만들어 쓰고,
사람들 사이에 신분의 차이가 생기고,
정치와 종교가 하나로 묶인 제정일치 사회였던
청동기 문명을 바탕으로 세운 나라, 고조선.
과연 고조선은 어떤 나라였을까?
고조선 사람들은 어떻게 살았을까?
궁금하니?
그럼 모두 함께 2권으로 출발!

콕콕! 우리 역사 바로 짚기

 청동기 시대의 청동기를 만나 봐요!

요령식 동검

우리나라의 청동기 문화는 크게 '요령식 동검'과 '한국식 동검'으로 나뉘어요. 요령식 동검은 기원전 1000년 무렵에 고조선의 영토였던 요령 지역에서 발달했어요. 생김새가 비파 같다고 해서 '비파형 동검'이라고 부르기도 해요. 사진 속 동검은 황해남도에서 발견되었어요. 요령식 동검의 특징 가운데 하나인 T 자 모양 칼자루가 달려 있지요.

한국식 동검

한국식 동검은 요령식 동검보다 나중에 생겨난 형태예요. '세형동검'이라고도 하지요. 고인돌 속에서 특히 많이 나왔어요. 옛사람들이 부장품으로 넣었던 것이지요. 사진의 유물은 전라북도 익산시에서 발견한 한국식 동검이에요.

한국식 동검 거푸집

청동이나 철로 도구를 만들려면 반드시 거푸집이 있어야 해요. 거푸집이란 청동이나 철과 같은 쇠붙이 물건의 틀을 말한답니다. 거푸집에 펄펄 끓는 쇳물을 붓고 굳혀야만 원하는 물건을 만들 수 있거든요. 사진 속 유물은 경기도 용인시에서 발견된 한국식 동검 거푸집이에요.

고인돌의 나라를 아세요?

우리나라는 전 세계에서 고인돌이 가장 많은 나라예요. 무려 전 세계 고인돌의 40퍼센트 이상이 우리나라에 있지요. 특히 우리나라 고창, 화순, 강화의 고인돌 무리는 유네스코 세계 유산으로 등재된 곳이기도 해요.

고인돌을 만들기란 결코 쉬운 일이 아니었어요. 왜냐하면 고인돌은 덮개돌 하나만 해도 무게가 수십 톤이나 되거든요. 덮개돌을 운반하려면 적어도 튼튼한 성인 남자 500명은 필요했지요.

이처럼 고인돌 하나를 만든다는 건 어마어마한 공사였어요. 게다가 무덤 안에서는 청동검부터 돌칼, 토기 등과 같은 유물은 물론 순장한 사람의 화석까지 발견되고 있거든요. 순장이란 산 사람을 죽은 사람과 함께 묻는 거예요. 그 시대에는 사람이 죽으면 영혼이 저승으로 옮겨 가서 계속 살아간다고 믿었지요. 그래서 지배자가 죽으면 노예들을 함께 묻어서 죽은 다음에도 시중을 들게 했어요. 오늘날의 사람들은 도저히 이해할 수 없는 일이지요.

그러나 모든 고인돌이 지배자의 무덤은 아니에요. 고인돌은 대개 한곳에 몇십 기씩 무리 지어 있어요. 학자들은 이러한 고인돌은 지배자와 그 가족의 공동묘지일 가능성이 높다고 말해요.

사진으로 보는 우리 역사

유물로 만나는 옛사람들의 삶

이 책에 나오는 시대에는 글자가 없었어요. 그래서 어떻게 살았는지 책으로 기록할 수 없었지요. 하지만 남아 있는 유물을 보며 그 시대 사람들이 어떻게 살았는지 추측할 수 있답니다. 지금부터 석기 시대와 청동기 시대 사람들이 남긴 유물을 하나하나 살펴봐요. 아득히 먼 옛날 사람들은 어떻게 살았을지 상상하면서요.

조가비 탈

부산의 동삼동 조개더미 유적지에서 발견된 신석기 시대의 유물이에요. 조개를 맛있게 먹은 다음에 조개껍데기에 구멍을 뚫어서 사람 얼굴처럼 만든 탈이지요. 얼굴에 쓰려고 만든 게 아니라, 제사나 축제 때 특별한 용도로 사용하기 위해 만든 것으로 보고 있어요.

바리

신석기 시대 후기의 토기로 함경북도 경성군에서 발견됐어요. 기원전 2000년 무렵에 만든 것으로 보고 있어요. 이 유물은 '뇌문 토기'라고도 불러요. '뇌문'은 '번개무늬'란 뜻이지요. 번개무늬 토기는 함경도와 평안도 지역에서 나오고 있어요. 하지만 적게나마 서울 주변에서 발견되기도 한답니다.

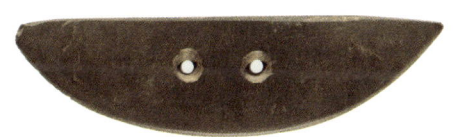

반달 돌칼

반달 돌칼은 청동기 시대에 널리 쓰였던 농기구예요. 청동기 시대에도 돌로 만든 도구를 많이 사용했는데, 그중 하나가 반달 돌칼이지요. 반달 돌칼은 신석기 시대 후기부터 청동기 시대까지 오랜 시간 사용됐어요. 농작물을 수확할 때 사용했지요.

불탄 쌀

충청남도 부여의 '송국리 유적'은 청동기 시대 마을의 유적지예요. 이곳에서 어마어마하게 많은 청동기 시대 유물이 발견됐어요. 집, 무덤, 가구, 그릇, 동검 등이 나왔지요. 특히 사진 속의 '불탄 쌀'이 발견되어 더욱 유명해졌어요. 머나먼 그 옛날에 벼농사를 지었다는 뜻이기 때문이에요.

곱은옥

곱은옥은 '곡옥'이라고도 불러요. 옥을 C 자로 곱게 다듬어서, 귀걸이나 목걸이에 장식으로 달았어요. 사진 속 곱은옥은 충청남도 아산시에서 발견된 청동기 시대의 유물이에요. 이 시대에는 옥구슬이 무척 귀했기 때문에, 무덤에 껴묻거리로 많이 넣었어요.

세계사는 지금!

세계 4대 문명이 시작되다

세계 4대 문명 발상지는 전 세계에서 가장 먼저 문명이 일어난 네 곳을 말해요. 이른바 인류 문명의 발상지라고 할 수 있지요. 세계 4대 문명은 모두 큰 강을 끼고 있어요. 날씨가 좋고 큰 강이 있어 농업이 발전하고, 사람들이 모여 살며 자연스레 도시 국가로 성장하였지요. 세계 4대 문명으로는 나일 강 유역의 이집트 문명, 티그리스 강과 유프라테스 강 유역의 메소포타미아 문명, 인더스 강 유역의 인더스 문명, 황허 강 유역의 황허 문명을 손꼽을 수 있어요.

이집트 문명

기원전 6000년쯤에 시작된 문명이에요. 풍요로운 나일 강 유역에서 발달했지요. 오늘날의 이집트 지역이랍니다. 이집트 문명은 피라미드와 스핑크스, 미라로 특히 유명해요. 피라미드는 고대 이집트를 통치했던 왕 '파라오'와 왕족의 무덤이에요. 이집트 문명은 이처럼 거대한 건축물을 지을 만큼 과학 기술이 발달했지요. 또 상형 문자를 사용하였고, '파피루스'라는 종이에 기록했어요.

메소포타미아 문명

기원전 3000년 무렵에 티그리스 강과 유프라테스 강 유역에서 생겼어요. 오늘날 이란과 이라크 사이의 지역이지요. 메소포타미아 문명은 거대한 지구라트와 세계에서 가장 오래된 성문법인 '함무라비 법전'으로 아주 유명해요. 함무라비 법전은 2.25미터가량의 돌기둥에 설형 문자로 새겨져 있어요. 설형 문자는 점토판에 갈대로 새긴 글자로, 생김새가 마치 쐐기 같아서 '쐐기 문자'라고도 불러요.

인더스 문명

기원전 2500년 무렵에 인더스 강 유역에서 발달한 문명이에요. 인더스 강은 히말라야에서 시작해 인도와 파키스탄 사이를 흐르는 아주 커다란 강이랍니다. 인더스 문명은 모헨조다로와 하라파 유적이 특히 유명해요. 이곳에 가면 벽돌로 만든 집과 포장도로와 배수 시설을 갖춘 고대 도시의 흔적을 만나 볼 수 있지요.

황허 문명

기원전 2500년쯤에 황허 강 유역에서 발달한 중국의 고대 문명이에요. 신석기 시대부터 철기 시대까지의 유적과 유물이 남아 있어요. 이곳에서는 '갑골 문자'를 썼어요. 갑골 문자는 거북 등딱지나 동물 뼈에 새긴 상형 문자를 말해요. 이 갑골 문자가 발전하여 오늘날의 한자가 되었지요. 왕이나 귀족은 높이가 몇 층이나 되는 집에서 살았지만, 보통 사람들은 초가집에서 살았답니다.

사진 제공 및 출처

국립중앙박물관
38쪽 찍개, 주먹 도끼, 긁개
64쪽 뒤지개, 빗살무늬 토기, 가락바퀴
98쪽 요령식 동검, 한국식 동검, 한국식 동검 거푸집
100쪽 조가비 탈, 바리
101쪽 반달 돌칼, 불탄 쌀, 곱은옥

연합뉴스
39쪽 흥수 아이
65쪽 반구대 암각화